Johannes Geffcken

Stimmen der Griechen am Grabe

Johannes Geffcken

Stimmen der Griechen am Grabe

ISBN/EAN: 9783744606271

Hergestellt in Europa, USA, Kanada, Australien, Japan

Cover: Foto ©ninafisch / pixelio.de

Weitere Bücher finden Sie auf **www.hansebooks.com**

Stimmen der Griechen

am Grabe.

Von

J. Geffcken.

Hamburg und Leipzig.
Verlag von Leopold Voß.
1898.

Frau

Elisabeth Schulz

gewidmet.

Die Vorstellung, welche wir uns vom Anfangs-
zustande der europäischen Menschheit machen können
und müssen, wird gerade keine optimistische heißen
dürfen. Wenn der Ureuropäer Geschichte auch nicht,
wie Scheffels lustiges Pfahlbautenlied meint, „mit
Rheuma und Zahnweh beginnt", ein sehr erfreu-
liches Bild werden die Menschen unseres Weltteils
damals nicht geboten haben. Nur blinder Enthusias-
mus für ein entschwundenes goldenes Zeitalter kann
Einfachheit der Sitten mit Sittenreinheit gleichsetzen.
Nein, die versprengten Reste der Vorzeit lehren uns,
fordern uns auf, Europas früheste Bewohner auf
eine Stufe mit den Wilden anderer Erdteile zu
stellen. Im Bewußtsein der antiken Völker, z. B.
der Römer, hatten sich noch Züge erhalten, die an
frühere entsetzlich barbarische Zustände erinnerten,

Geffcken.   1

ja im vierten und dritten Jahrhundert vor Christus
lebten noch Stämme um das Mittelmeer herum,
deren Sitten uns, soweit wir Kunde von ihnen erhalten haben, aufs lebhafteste an die der Eingeborenen
Afrikas und Polynesiens erinnern. So liegt denn
der Schluß nahe, daß gleich den letzteren die Ureuropäer, wenn wir diesen Begriff als einen einheit-
lichen, umfassenden einführen dürfen, ein eigentliches
Wochenbett der Frau nicht kannten, daß sie ihre
Eltern töteten, wenn sie gar zu alt und unbequem
wurden, daß sie den Göttern Menschenopfer brachten,
daß endlich der Tod ihnen wohl Trauer, mehr noch
Grauen und Entsetzen verursachte, aber die Empfindung
reiner Pietät gegen den Verstorbenen nicht nahe
brachte. Dies Gefühl in seiner besten Erscheinungs-
form ist ein spätes, abgeleitetes. Ursprünglich herrscht
die Angst, wie vor dem Toten, so auch vor der
Stelle, da er begraben liegt, vor. Man fürchtet
die Einwirkung der Geschiedenen auf die Ruhe der
Lebenden: das beweist uns der vielverbreitete Vampyr-
glaube, beweisen uns zahlreiche Bräuche antiker wie
moderner Völker. Darum, mit der Absicht, die
Toten zu versöhnen, bezeichnet man das Grab als
solches, schmückt und verziert es. So war es bei

allen Völkern Europas, so auch bei den Griechen,
deren Gräberkult, deren Anschauungen von Tod und
Leben überhaupt eine lange Entwicklung haben durch-
machen müssen, ehe ihnen jene wunderbare Schönheit
und Tiefe eigen ward, die sie vor aller Welt aus-
zeichnet.

Die Spuren dieses Aberglaubens lassen sich auch
noch nachweisen. Wir kennen aus späterer griechischer
Zeit Bräuche und Überlieferungen genug, die auf
uralten Gespensterwahn zurückdeuten. Aber auch
schon Homer bietet eine Handhabe. Neue Forschung
hat uns gelehrt, nicht von Homer die älteste Sitten-
kunde Griechenlands zu datieren, sondern über dies
früheste Litteraturdenkmal noch hinauszugehen. Die
homerische Kultur ist eine einheitliche, geschlossene,
sie bezeichnet einen Höhepunkt griechischen Lebens zu
irgend einer Zeit. Darum muß sie wie jede andere
Kultur eine Entwickelung durchgemacht haben, auch die
Ansichten vom Tode, vom Jenseits sind nicht immer
so, wie sie sich hier uns darstellen, gewesen. Homer
kennt den Glauben an ein persönliches Fortleben
nach dem Tode nicht, im Hades ist alles wesenlos.
Man fürchtet den Tod als den Abschluß des schönen
Lebens, an dem man trotz allen Leides, was es

gebracht, mit heißer Inbrunst hängt, die „Thore des Hades" dienen zur Bezeichnung des höchsten Hasses gegen einen widerwärtigen Menschen. Für denjenigen, dem ein lieber Mensch durch den Tod entrissen ist, giebt es keinen Trost, als zu jammern, das Haar zu scheren und zum Ruhme des Ver- storbenen ein Grabmal aufzuführen. Ein trauriger, aussichtsloser, aber klarer Glaube, der sich vornehm fernhält von der munkelnden Gespensterfurcht des Volkes. Mit den Gestalten des Aberglaubens hat die homerische Kultur, die Kultur der kleinen Fürsten= höfe Griechenlands, abgeschlossen, wie ihr Glaube ja auch die Gottheiten der einzelnen Stämme ignorierte; aber daß diese Wesen vor Homer im Denken der Griechen vorhanden gewesen sein müssen, lehrt nicht nur der aus den Beobachtungen über das Seelen= leben fast aller anderen Völker sich ergebende Wahr= scheinlichkeitsschluß, sondern, wie treffend bemerkt worden ist, Homer selbst. Achilles schlachtet dem Patroklos Totenopfer, um die Seele des Freundes zu versöhnen: da haben wir einen letzten, von Homer selbst nicht mehr empfundenen Rest der uralten Totenfurcht. Und den gleichen Zweck hat auch das Verbrennen der Leichen. Thut man den Toten in die Erde, so bleibt immer noch die Erinnerung an den Leichnam, wie er zuletzt sich den Angehörigen darbot, haften, und grauenerregend genug ist ja auch der Anblick des Skelets; verzehrt aber das Feuer die Glieder, so ist jeder Rest des Gräßlichen getilgt. So ist der homerischen Welt wohl der Tod grausig und verhaßt, der Tote hat seine Schrecken verloren.

Die höfische Welt Homers verschwindet, aber sehr viel hoffnungsvoller wird der Glaube vom Jenseits nicht. Kein Dichter der folgenden Zeit weiß von einem besseren Leben nach dem Tode. Der Volksglaube, den das Epos nicht kennt, tritt wieder in seine Rechte; es sind dunkle und verschwommene Vorstellungen, die man sich vom Fortleben der Abgeschiedenen macht. Man fürchtet die Toten, feiert eigene Feste, die um die Grabmäler flatternden Seelen zu versöhnen, geht nur leise am unheimlichen Hügel vorbei, gedenkt beim Leichenmahle nur rühmend der Verstorbenen, man nennt sie die „Stärkeren". Aber mit so abergläubischer Pietät allein konnte sich das Gemüt nicht zufrieden geben. Jedes Volk schafft sich ja ein Pantheon, eine Walhalla seiner Helden: so geht es noch heute,

ging es auch in Althellas. Der eifrige Heroenkult
der Griechen bezeugt, wie sehr sie das Bedürfnis
empfanden, nicht nur zwischen Gott und Mensch
vermittelnde Wesen zu stellen, sondern auch den
großen Männern des eigenen Stammes, den teuren
Toten der eigenen Familie über das Schattenreich
hinaus Leben zu verleihen. So sehen wir auf
einem archaischen spartanischen Grabrelief Mann
und Frau in der Weise der Unterweltsgottheiten
als Heroen von ihren Angehörigen verehrt, so
weist dem athenischen Tyrannenmörder Harmodios
frommer Glaube einen Sitz auf den Inseln der
Seligen an, und die Kämpfer von Platää werden
zu Heroen gemacht. Es bildet sich demnach eine Art
von Heiligsprechung der Verstorbenen aus. Diese
Heroisierung mochte zum häufig geübten Brauche werden, zu allgemeiner, dogmatischer Geltung aber kam
sie nicht; sie ist den Hinterbliebenen ein Trost, den
Sterbenden jedoch keine Hoffnung, weil diese Ver-
klärung kein deutliches Bild vom zukünftigen Leben
zu geben vermochte. In diese Lücke tritt die Reli-
gion. Der mystische Gottesdienst zu Eleusis lehrt,
daß, wer die Weihen empfangen, drüben ein seliges
Leben führen soll, der Ungeweihten nach dem Tode

aber ein trauriges Dasein im Schlamme harrt. Die
Theologie am Ende des sechsten Jahrhunderts nennt den
Leib der Seele Grab, trennt den Ort der „Frommen"
im Hades von dem der „Gottlosen". Von diesen
Lehren geht ein neuer Glaube über das Jenseits aus,
seine Terminologie redet aus mancher Grabschrift.
Der große Thebaner Pindar lebt völlig unter dem
Einflusse dieser Theologie, wenn er uns die Wonne
der Seligen auf blumengeschmückter Wiese, bei ritter-
lichen Übungen, beim Würfelspiel und dem Klange
der Zither schildert. Auch Aischylos steht den
mystischen Vorstellungen nicht fern; er weiß, daß
drunten die durch den Tod Geschiedenen einst sich
wiedersehen werden, und dieselbe Anschauung kehrt
auch bei Sophokles wieder, freilich kaum mehr als
Ausdruck seines Glaubens, sondern nur noch als
poetisches Motiv.

In neuerer Zeit hat man jenen Glauben an ein
Wiedersehen im Jenseits auch auf den attischen
Grabreliefs erkennen wollen. Wer kennt sie nicht,
jene wunderbaren Darstellungen, die uns eine sitzende
Gestalt mit einer stehenden traulichen Handschlag
wechselnd zeigen, jene Scenen, deren Anblick uns
wie Spangenbergs „Zug des Todes" mit einem

Gefühl sanfter Beklommenheit erfüllt! Man hat
behauptet, nur moderne Sentimentalität könnte aus
dem Antlitze der so verbundenen den Ausdruck der
Trauer, etwa den Abschiedsschmerz herauslesen. Aber
diese Ansicht läßt sich nicht halten. Denn da, wo
das edle Maß herrscht, wo der Künstler sich selbst so
strenge Grenzen gezogen hat wie in Athen, da gilt
der kleinste Gestus mehr als in einer Kunst, die
nur den Leidenschaften und ihrem Ausdrucke dienen
will. Und eine stille Geberde des Schmerzes ist
doch oft vorhanden, der Tote macht eine Bewegung
der Trauer, der verlassene Gatte greift sich in den
Bart, das Gesicht endlich zeigt, was mit besonderer
Energie betont werden muß, doch nicht immer einen
gleichmütigen Ausdruck. Lesen wir dann noch unter
einer solchen Handschlagsscene eine Inschrift, welche
die Gatten trauliches Wechselgespräch miteinander
pflegen, die Frau dem Manne die Sorge für die
Ihrigen ans Herz legen läßt, sehen wir schließlich
noch auf dem Giebelfelde des Reliefs eine klagende
Sirene angebracht, so ist es klar, daß der Hoffnuug
des Wiedersehens hier ein Ausdruck nicht verliehen
worden ist. So behält denn die andere Erklärung
recht, die in diesen Scenen nur ein fingiertes letztes

Beisammensein der Hinterbliebenen und Toten, ein
Symbol unlösbaren Verbundenseins erblickt. Der
Mensch kann sich nicht überwinden, den teuren Toten
sich deutlich in anderer Umgebung als der irdischen
vorzustellen, immer wieder zeigt uns die Erinnerung
an den Abgeschiedenen ihn mitten in dem eigensten
Wirkungskreise, unter denen, die ihm die nächsten
waren. Wir bleiben verbunden auch im Tode:
das wollen diese Bilder sagen. Auch sie predigen
den Ernst des Todes, über den weder Bild
noch Wort noch religiöser Gedanke je ganz hinaus-
führt.

Was aber das Bild nicht alles sagen konnte,
das lehrte die Inschrift. Solcher Grabepigramme
haben wir eine große Menge, weit über 1500 an
der Zahl, auf Steinen und in Büchern, besonders im
siebenten Buche der griechischen Anthologie, wirkliche
und fingierte, erhalten. Sie lehren uns deutlich, was
der Grieche beim Tode seiner Lieben und wie er zu
den verschiedenen Zeiten empfand. — Die ältesten
poetischen Inschriften — denn das Gefühl drückt
sich hier fast ausschließlich in Versen aus —
klingen ganz außerordentlich einfach und gefaßt.
Die ersten Epigramme derart stammen aus dem

sechsten Jahrhundert v. Chr. Das Grabmal redet
zuweilen selbst:

„Ich bin das Mal Myrines, die der Pest erlag",
oder wir hören, wer das Grabmal gesetzt hat, damit
des Stifters Pietät erkannt werde. Der Tote wird
gerühmt, seine Schönheit, Tapferkeit, Tugend und
Sitte gepriesen, seine Todesart wird angegeben.
Frauen erhalten das Lob der Zucht und Sitte.
Frühe schon treffen wir die Vorstellung, daß ein
Wanderer an dem Grabsteine, der am Wege steht,
vorbeigeht, stille steht und den Spruch liest. Zum
Lohne dafür, daß er um des Toten willen seinen
Weg unterbrochen und geklagt hat, erhält er dann
einen Segensspruch mit auf den Weg. So lesen
wir denn:

> Nahst du, o Landsmann, diesem Steine,
> Trittst, Fremder, du an ihn heran,
> Bevor du weitergehst, beweine
> Den Tettichos, den wackren Mann!
> Im Kampfe mit dem Feind erlegen,
> Verlor er frischer Jugend Zier:
> Für deine Thränen nimm mit dir,
> O Wandrer, Glück zu deinen Wegen!

Die Thatsache, daß ein braver Mensch gestorben,
die Art, wie er von hinnen schied, genügt, höchstens

wird noch hinzugefügt, daß er den Seinen Trauer
und Sehnsucht hinterlassen habe, ein Motiv, das in
späterer Zeit immer rührender, aber auch oft sehr
wortreich ausgeführt wird. Wie unendlich einfach
klingt noch der Grabspruch eines jungen Mädchens
aus dieser Zeit:

> Der Phrasikleia Denkmal schau':
> Nicht durft' ich werden Ehefrau,
> Der Götter Wille anders war,
> Nun heiß' ich Jungfrau immerbar!

Mit dem fünften Jahrhundert zieht eine neue
Zeit für Hellas herauf, Krieg folgt auf Krieg. Es
gilt die Freiheit, da verliert der Gedanke an den
Tod seine Furchtbarkeit. Wohl finden wir Epigramme,
in denen der Ausdruck des Schmerzes reicher als
früher gestaltet ist, aber diese treten zurück vor den
großartigen Dichtungen zum Preise der Gefallenen.
Den Hinterbliebenen ist die traurige Frage: warum
mußte es sein? erspart, sie wissen es ja, viele
wünschen sich selbst keinen schöneren Tod. Wie das
Grabesbild den Helden im siegreichen Kampfe zeigt,
so atmen die Epigramme das ruhige Gefühl, daß
das Vaterland sich in seinen Kindern nicht getäuscht
habe. Gemeingut aller gebildeten Völker ist ja

jenes in seiner Schlichtheit so herrliche Epigramm
geworden, das, wenn es wohl auch nicht von
Simonides stammt, doch die Züge des goldenen
Zeitalters griechischer Poesie trägt, uns Deutschen
noch durch Schillers Übersetzung teuer:

> Wanderer, kommst du nach Sparta, verkündige dorten,
>   du habest
> Uns hier liegen geseh'n, wie das Gesetz es befahl.

Von Simonides aber haben wir das kurze Grab-
gedicht auf den Opferpriester Megistias, der in den
Thermopylen starb:

> Megistias' Denkmal dnaht ein Fuß,
> Megistias', ruhmeswert,
> Hinsank er am Spercheiosfluß
> Gefällt vom Mederschwert.
> Ein Seher, ahnt' er sichern Tod,
> Nicht trog ihn sein Gesicht:
> Und dennoch, Spartas Führer nicht
> Verließ er in der Not!

Ähnlichen Tones reden andere Sprüche. Voll
prächtigen Stolzes spricht zu uns eins von den
drei athenischen Epigrammen, welche die im Anfange
des peloponnesischen Krieges vor Potidäa gefallenen
Bürger ehren:

Vor Potidäa ließen sie das Leben;
Es ward die Luft den Seelen Vaterland,
Die Leiber hat der Erdengrund gebettet.
Doch wer vom Feinde sich nicht schnell gerettet
Und hinter Mauern Lebenshoffnung fand,
Dem hat das Schicksal nur ein Grab gegeben.

Aus diesen Stimmen vernehmen wir keinen Todesschmerz, es klingt dasselbe Metall wie in Perikles' berühmter Leichenrede, die Athens Können und Wollen zu blendendster Charakteristik zusammen-faßte, die den schmerzlosen Tod der rühmlich ge-fallenen Krieger pries und den bekümmerten Eltern durch den Hinweis auf das glänzende Ende ihrer Söhne, auf die ihnen noch gebliebenen Kinder, den Brüdern und Söhnen durch die Vorhaltung des hohen Beispiels, das ihnen gegeben, Trost ins Herz zu gießen suchte.

Die eben angeführten Verse aber haben noch eine andere Bedeutung. Es ist schon lange bemerkt worden, wie deutlich in ihnen die Anschauung des Euripides vom Tode und Vergehen hervortritt, die Anschauung des Dichters, der von allen athenischen Tragöden die reichste Popularität genoß, dessen Sentenzen mit besonderer Vorliebe noch im spätesten Altertum citiert wurden. Damit sind wir nun an

einem wichtigen Punkte angelangt; es gilt, die
Auffassungen der tragischen Dichter vom Tode zu
durchmustern, weil von diesen großen Vorbildern
die Grabepigramme in Vorstellung und Ausdruck
starke Abhängigkeit zeigen.

Die Stimmen, die sich hier vernehmen lassen,
nehmen mit der Zeit an Stärke, an Modulations-
fähigkeit zu. Je mehr das Gemüt der Griechen
in sich selbst zu blicken lernt, desto mannigfaltiger
wird der Ausdruck der Totenklage, in desto häufigerer
Gestalt naht das Bild, unter dem, wie Schiller sagt,
„die Menschheit erschlappt". Uralte Volksvorstellung
hatte Hades den „vielaufnehmenden" genannt. Ähnliches kehrt bei Aischylos wieder. Hades, der einzige
Gott, der keine Geschenke nimmt, dem die Göttin der
Überredung nicht naht, ist der „Volkssammler";
drunten im allaufnehmenden, sonnenlosen, unsicht-
baren Lande sitzt er, merkt sich jeglichen Fehl der
Menschen. Oft ist das Leben schwer, darum besser,
nicht geboren zu sein als zum Leid, für unerträgliches
Weh ruft man darum den Tod als Arzt herbei.
Drunten dürfen sich dann die wiedersehen, die sich
droben liebten. Auch Sophokles legt seinen
Helden diese Hoffnung in den Mund, aber ein

wirklicher Glaube steht nicht mehr dahinter; dazu
sind des Dichters Vorstellungen von Leben und
Tod viel zu düster. Wir Menschen sind ein Schatten,
eine unnütze Last der Erde. Gewiß wäre dem
unheilbar Kranken besser im Hades, aber ach!
gerufen kommt der Tod nicht. Über alle Vernunft,
alles Denken erhaben bleibt es darum, nicht geboren
zu sein, oder wenigstens gleich nach der Geburt
wieder hinabzugehen, von wannen man gekommen.
Freilich ist dies ein Satz alter Spruchweisheit, und
wer wollte nicht auch dem ernsten Sinne der Tragödie,
nicht trüber Dichterstimmung ein so furchtbares Wort
zu gute halten, aber andere Aeußerungen des
Dichters bestätigen diese Anschauung nur. Der Tod
heißt ein Hafen, ein Bundesgenosse, er ist eine
Schuld, die alle Menschen bezahlen müssen; warum
stöhnen sie, wenn jemand stirbt, weiß man denn,
ob nicht das Sterben besser als das Leben, das so
unendlich kurze, bleibt? Hades ist ja allen gemeinsam, die alle bettende Kammer. Leise klingen auch
vereinzelte Trostgründe durch; nicht dir allein, sagt
der Chor der trauernden Elektra, ward dieses Leid,
die Zeit wendet alles Weh. Aber wenn dieselbe
Elektra, als ihr nun auch nach dem Vater der

Bruder genommen scheint, vom Chor an Amphitryon erinnert wird, der lebendig unter der Erde herrsche, so bleibt der Hinweis auf den Heros nur ein schwacher Trost, und den Sieg behauptet das Bewußtsein, das Nichts gehe ein zum Nichts. Doch hindert die Resignation nicht den vollen Schmerzausbruch. Denn wen rührte nicht noch heute das Lied, in dem Antigone, Haimons Verlobte, Abschied vom Leben nimmt, um eine Braut des Todes zu werden! Dem Kummer um das ehelose Sterben sind wir oben schon begegnet; wie einfach aber klang noch jener Spruch des attischen Grab-steins, der ja nur die Thatsache ewiger Jungfraujschaft der Verstorbenen zu konstatieren schien. Aus Sophokles' Versen redet der tiefste Schmerz, herzzerreißende Klage: das Hochzeitslied wird der Antigone nun nicht gesungen, die Fackel ihr nicht angezündet, sie darf keine Kinder sehen, muß den Acheron heiraten.

Greller, hoffnungsloser wird noch Euripides' Anschauung. Der Dichter kannte das menschliche Herz bis in seine innersten Falten, verlieh jeder Stimmung den treffendsten Ausdruck; wie mögen seine Worte von Tod und Leben den empfänglichen Athenern in die Seele geschlagen haben! Er wiederholt einiges, was sich auch bei anderen Tragikern, besonders Sophokles, findet. So redet er von der Schuld, die der Tod einfordert, meint, es sei besser, nicht geboren zu sein, läßt das Nichts in das Nichts gehen, wiederholt die Motive beim Scheiden junger Mädchen, die hinabsteigen in die Kammern der Persephone, giebt den allgemein menschlichen Trost- gründen, dem Hinweise auf die heilende Zeit, auf das auch anderen gewordene Leid einen Platz. Aber er geht doch noch weit über seine Vorgänger hinaus. Er sucht den Dingen, wie sie sind, ins Angesicht zu sehen. Das Leben ist in der That nur Verhängnis, den eben Geborenen müßte man be- klagen, den Toten glücklich preisen. Vielleicht ist Sterben Leben, Leben Tod; denn drunten liegt man schmerzlos, im Hades haben wir keine Sorgen; darum ist sterben das beste Mittel gegen das Leid. Thöricht ist es, für den Toten Aufwand zu machen, zur Erde hat man Erde gebracht, was ist dabei? Alle Klagen wecken ja doch den Toten nicht auf, vom Hades, der einfachen Rennbahn, kehrt niemand zurück; totsein ist ja nicht schmerzlich, ist derselbe Zustand wie nicht geboren zu sein. Wer alles das sagt, der kann an kein Jenseits glauben, und den eben gehörten Stimmen gegenüber bleibt es ebenso wie bei Sophokles nichts als poetische Fiktion, wenn Euripides Alkestis im Hades auf Admet warten läßt. Der Dichter stellt subjektiv wie immer sich so skeptisch wie möglich dem Unsterblichkeits= glauben gegenüber, und wenn wir in seinem Hippo= lytos (V. 189) lesen:

Das menschliche Leben ist Jammer und Not,
Erlösung, Frieden ist nirgend.
Wohl giebt es ein andres, ein seliges Sein,
Doch liegt es verborgen in Dunkel und Dunst.
Drum klammert die eitele Liebe sich fest
An den gleißenden Schimmer der irdischen Welt,
Bloß weil sie ein anderes Leben nicht kennt,
Kein Auge die Schatten des Todes durchmißt,
Wahnbilder des Glaubens uns irren —

wenn wir das lesen, so ist es klar, daß kein frommer Glaube ihm über die Tiefen hinweghilft, die sein Verstand ihm zeigt.

Aber auch dieser Dichter, der unter den Griechen dem Menschenweh den beredtesten Ausdruck verliehen, hat es verstanden, in das traurige Ereignis er= hebende Gefühle und Bilder hineinzustellen. Das ewig menschlich Schöne, treue Liebe, tritt auch bei Euripides in ihr Recht. So steigt Alkestis für ihren

Gatten ins Grab, und nicht selten hören wir die
Hinterbliebenen klagen, daß sie nicht für den
teuren Toten sterben durften. Neben den oben
genannten Trostgründen erscheint auch der Hinweis
auf die Kinder der Götter, die ihre hohe Abstammung
vor dem Tode nicht schützen konnte. Von Euripides
endlich ist jenes wundervolle Motiv gefunden:
Werde die Erde Dir leicht! jener fromme Wunsch,
den die Grabsprüche des dritten und der folgenden
Jahrhunderte wiederholen, die Römer ständig
brauchen, und der auch heute seine Bedeutung noch
nicht ganz verloren hat.

Die Vorstellungen der Tragiker sind Gemeingut
vieler Leidtragenden geworden. Auf den Inschriften
und den freien, nicht zur Fixierung auf dem Steine
bestimmten Gedichten des vierten und der folgenden
Jahrhunderte kehren oft genug die Bilder aus
diesem Ideenkreise wieder, ja hie und da begegnet
man wohl auch der Weiterentwicklung angeschlagener
Motive. Im vierten und dritten Jahrhundert
bildet sich so eine wirkliche Tradition, eine Art
Kanon der Grabgedichte aus; gleiche Anfänge, gleiche
Bilder zeigen sich in den Epigrammen der verschie-
densten Gegenden. Der Schmerzausdruck der älteren

2*

Sprüche war, wie wir sahen, ein verhältnismäßig
stiller gewesen; nun, nachdem die Tragödie neue
Tiefen des Gemütes aufgedeckt hat, klingt oft genug
„der Menschheit ganzer Jammer" aus diesen kurzen
Liedern wieder. Im sechsten und fünften Jahrhundert
klagt man, soweit wir die Steine kennen, noch niemanden
als schuldig am Tode des Verblichenen an, höchstens
wird einmal das Meer, das den Schiffbrüchigen
verschlungen, „unverschämt" genannt. Aber schon
im vierten Jahrhundert beschuldigt man das Schicksal
offen des Neides, und später heißt der Tod in
stehender Formel nur der „neidische Dämon".
Auch die Sehnsucht nach dem Toten kommt häufiger
zu Worte. Hieß es früher, daß der Verstorbene
ein wackerer Mann, die Tote ein vernünftiges,
sittiges Weib gewesen, so sagt man jetzt z. B., daß
der Abgeschiedene niemanden verletzt, die Begrabene
nicht Kleider noch Gold geliebt habe. Der Wanderer
soll nicht nur erfahren, wer drunten im Grabe liegt,
wie er gestorben, und nicht nur durch eine Thräne
seine Pietät dem Toten als solchem beweisen, sondern
auch durch die ergreifende Fassung des Gedichtes
gerührt werden. So lassen die trauernden Eltern
ihr Kind klagen:

Das Sterben däucht mich nur gering.
Der Tod ist Menschenlos,
Doch daß ich vor den Eltern ging,
Und eh' die Jugend ich genoß,
Das heißt ein traurig Ding!

Wie anders die Griechen jetzt empfinden, zeigt vielleicht am besten das wundervolle Epigramm auf die athenischen Kämpfer von Chäronea:

Dein Götterauge weilt, o Zeit,
Auf alles Irdischen Geschick;
O, wende auch auf uns den Blick,
Ein Bote sei von unserm Leib!
Von Hellas' heil'gem Lande nur,
Das wir zu retten eilten, sag',
Wie unsre Schar dem Tod erlag
Auf der Böoter stolzer Flur!

Wie hehr und männlich klangen uns einst die kurzen wuchtigen Epigramme aus der Perserzeit: welche Wehmut, welch gebeugter Sinn durchzittert nun diese Verse!

Auch von einer Fortdauer nach dem Tode ist hie und da die Rede. Aber sehr stark, sehr allgemein war der Unsterblichkeitsglaube in dieser Zeit nicht. Bei dem attischen Leichenredner, der oft genug im vierten Jahrhundert die Niederlagen seiner Landsleute beschönigen muß, spielt der Gedanke an ein besseres

Jenseits nur eine fast verschwindende Rolle. Große Worte fallen am offenen Grabe: die Toten haben ihr Leben aufgewandt, damit die anderen schön lebten, sie haben dem Vaterlande die Erziehungskosten zurückerstattet; man tröstet sich damit, daß der Tod natürlich und allen, Bösen wie Guten, gemeinsam sei, daß die Toten gleich den Neugeborenen seien, ledig aller Last der Erde. Aber diese euripideische Mahnung mag wohl kaum verfangen, und ebenso. wenig Eindruck wird es gemacht haben, wenn der Redner hinzusetzt, vielleicht gäbe es doch eine Em. pfindung im Hades und eine Sorge vonseiten der Gottheit: dieser Glaube klingt denn doch zu un. bestimmt. Nur eine kleine Zahl erlesener Menschen bekannte sich im vierten Jahrhundert zur Unsterblich. keitsidee; als Platon seinen Phädon schrieb, dachte die Mehrzahl, wie der Leib vergehe auch die Seele im Tode, das Volk aber huldigte nur dem Gespenster. wahn, daß die Seelen der Bösen nicht zur Ruhe kommen könnten, sondern um die Gräber schwebend ein irres Dasein führten.

Die alexandrinische Poesie steigert im dritten Jahrhundert und in der folgenden Zeit Empfindung und Ton der Grabschriften. Sie vermag das kraft

ihrer gesteigerten Feinfühligkeit und der glänzenden
poetischen Technik, die sie übt. So wird das Grab-
gedicht zur eigenen Litteraturgattung, existiert um seiner
selbst willen, und die Epigramme auf dem Steine
gefallen sich in Wiederholung dessen, was der alexandrinische Dichter geschaffen. Eins der schönsten
Gedichte möchte ich hier gleich mitteilen. Von einem
sonst ziemlich unbekannten Poeten Herakleitos haben
wir in der griechischen Anthologie ein kurzes Lied auf
eine Frau, die an der Geburt von Zwillingen starb:

> Sieh das Grab dort, aufgeschüttet eben,
> Um das Säulenhaupt den Kranz gelegt;
> Wie, o Wandrer, seiner Blätter Beben
> Leises Rascheln dir zum Ohre trägt.
> Lesen wir das Wort
> Auf dem Steine dort,
> Wessen glatt Gebein die Erde hegt.

> „Aretemias aus Knidos hieß ich,
> Euphrons Frau, dem Zwillinge ich gab,
> Schwer genug, und ach! von beiden ließ ich
> Eins ihm nur zu seines Alters Stab.
> Doch das andre hier
> Nahm ich fort mit mir
> Zum Gedächtnis an den Mann hinab.“

Dies Gedicht, aus dessen idyllischem Tone uns
schon ein ganz anderes Empfinden anweht, hat

außerordentlich gewirkt; es ist bald nachgeahmt
worden, und noch auf einer späten Inschrift aus
Bordeaux finden wir Anklänge daran. Einen Dank
für dies Epigramm, an dem sich auch Herder gefreut
hat, und für viele andere, leider verlorene Lieder
mögen wir in einem Gedichte des berühmtesten
alexandrinischen Poeten, des Kallimachos, erkennen. Das Lied, das er lange nach Herakleitos'
Tode diesem ins Grab nachsang, ist ein Gelegenheits-
gedicht und wirkt darum ungemein stimmungsvoll:

> Ein trüber Laut schlägt mir ans Ohr,
> Ein Name klingt entschwund'ner Zeit.
> Er mahnt an unvergeßlich Leid,
> Wie, Herakleit, ich Dich verlor!
>
> Du kamst, Halikarnassos' Sohn,
> Zu uns und plaudernd brachtest du
> So manchen Tag mit mir zur Ruh;
> Nun bist du lange Asche schon!
>
> Doch eines bleibt, das hebt mich wieder:
> Es leben, vor des Hades Krallen
> Geborgen, deine Nachtigallen,
> Die Nachtigallen deiner Lieder!

Wo der Schmerz immer lauter wird und des
Vaterlandes allgemeine Trauer kein Trostmittel mehr
ist, weil man kein Vaterland mehr hat oder wenig-

stens nicht dafür kämpft, da mehren sich die Klagen
um den vor den Eltern erfolgten Tod. Freilich
bietet die Poesie für diesen Fall in einem wunder-
vollen Worte einen lieblichen Trost. „Wen die
Götter lieben", sagt der große Lustspieldichter Menander, „der stirbt früh". Dieser Spruch erscheint
zuweilen auf den Steinen, aber solche freundliche
Stimme steht doch ganz vereinzelt da, und sie ver-
klingt in den mannigfachsten Tönen des Jammers.
Sehr häufig ist die Trauer um die den Wehen er-
legene Wöchnerin und besonders um die ehelos
Gestorbenen. Man hat mir den Brautgesang nicht
angestimmt, die schon entzündete Hochzeitsfackel
leuchtete mir nur zum Begräbnisse, so läßt man
das jung verstorbene Mädchen beweglichen Tones
klagen. Auch um die Schiffbrüchigen, die das Grabrelief trauernd auf einem Felsen sitzend zeigt, wird
schwer Leid getragen, um das einsame Grab am
Gestade des Meeres rankt sich eine ganze Litteratur.
„Die Säule", heißt es oft auf dem Kenotaph,
„führt den Namen, der Leichnam liegt im Meere,
den Fischen zur Speise, oder nackt am Gestade."
Wie der Tod als neidischer Dämon, so wird das
Meer beschuldigt, daß es dem Seefahrer anstatt

Gewinn nur Verderben gebracht; warum, fragt der
Tote wol, muß ich hier liegen, im Angesichte des
ewig rauschenden Meeres, dessen Wogenschwall mit
seinem Brausen mich nicht zur Ruhe kommen läßt?
Hüte Dich, Wanderer, aufs Meer bei stürmischer
Zeit zu gehen, besser als die See bleibt immer das
Land. Und wie auf den Seefahrer, so findet der
Grieche auf jeden Stand irgend ein Motiv: die
Arzenei hat dem Arzte nicht gegen den Tod geholfen,
der Schauspieler ist oft auf der Bühne gestorben,
so freilich noch nie. — Wie schon oben bemerkt, kehren
die Bilder der Tragödie wieder. Man bringt Staub
zum Staube, wünscht, daß die Erde dem Toten leicht
werde, nennt den Tod einen Hasen, den Volkssammler. Einiges wird auch weitergebildet. Den
Menschen ist's eine Schuld zu sterben, sagte die
Tragödie. Die Alexandriner machen den Hades zum
Gläubiger und klagen den thränenerfreuten Tod an,
daß er vor der Zeit sein Recht geltend mache, sie
bitten die Erde, den Toten sanft an ihren Busen zu
legen. Man sucht im echtesten Geiste dieser Poesie
nicht nur die Menschen zum Klagen aufzufordern,
sondern auch die umgebende Natur, mit der man
jetzt in einem eigenartig sentimentalen Verhältnisse

lebt. Selbst die thränenlosen Eulen müssen um den Toten klagen, heißt es, Steine, Bäume, Quellen sollen ihr Leid bezeugen. Dem Toten pflanzt man Blumen aufs Grab und läßt ihn sich auf dem Steine rühmen, daß seinen Hügel kein Dorngesträuch umwuchere, daß nicht die Fledermaus darüber hinflattere, sondern süß die Nachtigall dort singe, die kluge Schwalbe zwitschere und die liebliche Grille dazu zirpe: ein anmutiges Bild! Man lobt auch nicht mehr mit der einfachen Hervorhebung der vortrefflichen Eigenschaften des Verblichenen, eine Frau heißt nicht mehr schlechthin sittig, vernünftig, aller Putzsucht bar, sondern man braucht einen echt alexandrinischen Vergleich, man stellt sie der Penelope zur Seite. Liebliche Bilder malen die Hinwegraffung des Verstorbenen: er erlosch wie ein Licht, er fiel in den Hades wie ein abbrechender Ast, der Gott der Unterwelt raubte das Kind, die keimende Frühlingsrose mit der Wurzel herausreißend.

Im dritten Jahrhundert entsteht auch eine neue äußere Form der Grabschrift, die später reiche Nachahmung findet. Oben lasen wir auf einem der ältesten Grabdenkmäler, wie der Wanderer angeredet ward, auf einem späteren Steine bemerkten wir ein

Zwiegespräch zwischen der verstorbenen Frau und ihrem überlebenden Gatten, wie dies auch deutsche Gräber des 16. Jahrhunderts zeigen. Nun haben wir ein neues Motiv: Der Wanderer selbst wird redend eingeführt, er stößt auf den Grabstein, fragt, wer da brunten ruhe, und erhält in kurzer Wechsel- rede Antwort auf seine Fragen.

Wir haben bisher nur den Schmerz am Grabe zu Worte kommen lassen. Doch damit allein würde unsere Darstellung unvollständig sein. Auch in Griechenland ist unter den vielen, die sich gequält, hie und da ein Glücklicher gewesen; wenigstens haben seine Angehörigen, die ihm den Grabstein setzten, diesen Eindruck von seinem Leben gehabt. So lesen wir denn von einem alten Manne:

> Ich opfert' allen Göttern gleich,
> Genoß von ihnen Ehren reich,
> So nehm' ich denn in dies mein Grab
> Neun der Jahrzehnte mit hinab.

Viele rühmen sich auch, daß sie Kinder von Kindern gesehen. Kein Grabspruch aber dieser Art läßt sich vergleichen mit dem reizenden Epigramm auf zwei alte Frauen der Insel Kos, das uns wie ein echtes Idyll anmutet:

Dein holdes Licht, o Tag, beſcheint,
Die eblem Roerblut entſproſſen,
Bitto und Phainis, treu vereint,
Beim Tagewerk, im Grab Genoſſen;

So arm wie alt, doch ohne Klagen:
Süß nahteſt, Frührot, Du uns immer,
Wir ſangen Dir beim Lampenſchimmer
Entgegen alte Helbenſagen.

Selbſtverſtändlich ſind auch philoſophiſche Anſchauungen, wenn ſchon nicht gerade ſehr häufig,
auf den Steinen vertreten. Die Hoffnung auf ein
zukünftiges Leben nimmt mit der Zeit an Stärke
zu, man fragt ſich mit Platon, ob der Tod ein
Unglück oder ein Glück ſei, braucht philoſophiſche
Bilder vom Feuer des Scheiterhaufens, das Leib
und Seele reinigt, vom Kleide der Seele, dem Leibe.
Kyniſche Anſchauung iſt es, wenn wir unter dem
Bilde eines Skeletes leſen:

Blick einer hier auf dies Gerüſt,
Das ganz von Fleiſch entblößet iſt:
Wer ſieht, o Wandrer, ſieht noch klar,
Ob's Hylas, ob's Therſites war!

Und aus epikureiſcher Schule ſcheint ein anderer
Spruch zu ſtammen:

Halt, Wandrer, nicht vorüber an des Grabes Schrift!
Bleib' stehen, höre, weißt du alles, kannst du geh'n.
Im Hades nimmer ist ein Schiff, das Charon lenkt,
Nicht Aialos, der Schließer, noch der Höllenhund.
Nein, alle Tote, die wir in der Tiefe sind,
Wir sind nur Knochen, Staub, von and'rem Wesen bar.
Ich sprach die Wahrheit, Wandrer, dir und nun hinweg!
Damit ein Toter dir nicht noch ein Schwätzer scheint.

Wieder an anderer Stelle wird der Wanderer gemahnt, sein Leben richtig zu benutzen, nicht so es einzurichten, als ob er es immer in gleicher Weise weiter treiben würde, noch so, als ob er nur kurz sein Dasein fristen könnte, sonst würde er ein dürftiges Alter vor sich haben: eine ziemlich hausbackene Regel! Sehr viel tiefer als dieser immerhin wohlgemeinte Spruch stehen die Ratschläge, man solle die kurze Lebenszeit genießen, essen, trinken, mit den Weibern sich belustigen, denn man sterbe ja doch. Recht erheiternd klingt es dann freilich, wenn ein so frivoler Toter, der diesen leichtsinnigen Rat gegeben, mit völliger Unverfrorenheit versichert, seine Seele sei im Olymp.

Am Tode hat die Philosophie selbst natürlich den thätigsten Anteil genommen. Sokrates' Ende besiegelte das edelste Hellenenleben. Seine Idee von

der Unsterblichkeit senkte sich tief in Platons Dichter-
seele und ward zur Wurzel seines ganzen Systems.
Jeder Philosoph mußte die Notwendigkeit fühlen,
mit dem Tode sich abzufinden, und mancher hat in
dieser und der folgenden Zeit durch Trostschriften
sich und andere zu beruhigen gesucht. Aber die
meisten Denker bewegten sich hier in sonderbaren
und oberflächlichen Schlüssen, in kalten Betrachtungen.
Der Grundsatz alles Philosophierens über den Gegen-
stand bleibt bald nach Platon immer: Der Tod ist
nicht zu fürchten, denn er existiert eigentlich gar nicht:
sind wir, so ist er nicht da, ist er da, so sind wir
eben nicht: den schrecklichen Übergang, das Sterben,
den Todeskampf, scheint man nicht zu kennen. Für
die Stoiker, die ihr ganzes Gefühlsleben in die
strammste Zucht nahmen, galt es nur, ein würdiges,
leidenschaftsloses Leben mit würdigem Ende zu be-
schließen; den Kynikern, denen fast alles auf Erden
unter ihren Kunstausdruck „Dunst“ fiel, blieb auch
der Tod etwas Schwindelhaftes, Gleichgültiges; er
kann ja kein Übel sein, da wir tot überhaupt nichts
mehr empfinden. Noch besitzen wir Reste aus den
Vorschriften eines Kynikers, wie man Trauernde
trösten solle, Trostgründe, die an herzloser Herbheit

und Dürftigkeit der Gedanken ihresgleichen suchen.
Es gilt, heißt es da, für unmännlich, dem eigenen
Tode zaghaft entgegenzusehen: wer wird sich also
über fremder Leute Sterben, die man doch nicht
mehr als sich selbst liebt, aufregen? Da waren die
alten Spartanermütter besser, die wußten doch, was
sich gehörte. Sehr thöricht ist es, um den Verlust
einer Frau oder eines Sohnes ganz außer sich zu
kommen, sich selbst und die eigenen Angelegenheiten
zu vernachlässigen; wird sich denn jemand, der ein
Auge verloren hat, auch das andere noch ausreißen?
Thut man sich nur Gewalt an, so kommt man über
den Schmerz hinweg. Andere tröstet man, indem
man das scheinbare Unglück, das sie erlitten, mit
dem scheinbaren Glück auszugleichen sucht, etwa so:
Dein Freund ist Dir gestorben? — Nun, er ist Dir
ja auch geboren worden. Entgegnet der Leidtragende:
Ach, daß er nicht mehr leben kann, so sagt man:
Warum betrübst Du dich denn nicht auch darüber,
daß er nicht schon vor 1000 Jahren gelebt hat?
Fährt dann der Bekümmerte fort im Klagen, jammert,
daß er nun keinen Nutzen vom Toten mehr habe,
dann weist man ihn tröstend darauf hin, daß ja
nun auch alle Plackerei um den Abgeschiedenen zu

Ende sei. Ähnlich denken alle Kyniker; der Tod, sagt Bion, ein anderes Mitglied der Sekte, einer der größten Witzlinge des Altertums, ist ja nur eine Wohnungsveränderung, wir können die Miete nicht mehr bezahlen, der Hauswirt, die Natur, nimmt uns Augen, Ohren, Hände, Füße in Beschlag, und wir entfernen uns gerne, als ob wir ein Gastmahl verließen. Der echte Kyniker kann sogar dem Klagenden gegenüber seine Neigung zum Spaße nicht unterdrücken. „Es ist sehr thöricht, sich vor Trauer das Haar zu raufen", meint derselbe Bion, „denn Kahlköpfigkeit kann niemanden trösten".

Ebenso unerbaulich denken die Epikureer. Da ihrem Systeme jeder Zukunftsgedanke ein Unsinn ist, da sie sehen, wie so viele Menschen sich lächerlicherweise das Leben durch Todesfurcht verderben, so kümmern sie sich gar nicht um das Ende. Es kommt ja doch früh genug. Aber wenn auch die Epikureer von der Höhe ihres Dogmas den Tod übersehen, so bleibt ihnen immerhin doch der Ruhm, daß der Stifter ihrer Schule seine Lehren auch im Tode bethätigte und mit philosophischer Fassung die furchtbaren Qualen seiner letzten Krankheit ertrug.

Recht unerfreuliche Stimmen diese letztgehörten!

Nach den ergreifenden Grabschriften, den gewaltigen Worten der Tragödie diese kalten und leeren Philosophen! Aber nicht alle fallen unter dies Urteil. Nein, das griechische Herz hat doch gottlob stärker und wärmer geschlagen. Wir besitzen zum Glück noch Bruchstücke aus einer Trostschrift, die dem tiefen Schmerze eines Leidtragenden Heilung auf menschlich schöne Weise zu schaffen sucht. Das ist die Trostschrift des Platonikers Krantor, an Hippokles, dem seine Kinder gestorben waren, gerichtet. Sie hat großen Eindruck auf die ganze Zeit des Philosophen gemacht und wurde viel noch im späteren Altertume gelesen. Aus ihr schöpfte Cicero Trost für den Tod seiner geliebten Tochter Tullia, intensiv benutzte sie der Verfasser der pseudoplutarchischen Schrift an Apollonius, und so hat man denn mit Hülfe dieser beiden Autoren, von anderer weniger ausgiebiger Tradition abgesehen, viel vom Original zurückgewinnen können.

Die Schrift scheint mit einer Entschuldigung begonnen zu haben dafür, daß der Briefsteller erst jetzt schriebe. Aber die Ursache der Verspätung war nicht Saumseligkeit, sondern der Wunsch, zu schonen. Wie bei den Wunden des Körpers, so ist auch bei

benen der Seele die beste Heilmethode, einige Zeit
verstreichen und die Natur walten zu lassen; schnell
angewandte Mittel können nur schaden. Es ist nur
begreiflich, wenn jemand über den Tod seiner Kinder
außer sich gerät; „denn keinen Augenblick," sagt
Krantor wörtlich, „stimme ich denen bei, die auf
jene rauhe und herbe Gefühllosigkeit, welche außer
dem Bereiche des Möglichen wie des Nützlichen
liegt, Loblieder singen. Möge es uns erspart sein,
krank zu sein; sind wir aber krank, dann wollen
wir auch eine Empfindung davon haben, mag uns
nun ein Glied abgeschnitten oder ausgerissen werden.
Denn jene Empfindungslosigkeit gewinnt der Mensch
nur um einen großen Preis: im einen Falle muß
der Körper, im anderen die Seele von Verrohung
ergriffen werden." Aber ebenso ist auch das un-
mäßige Leid, die Steigerung des Jammers wider
die Natur, eine gewisse Mittelstimmung muß erreicht
werden. Der schöne Spruch: „Nimmer zuviel"
hat hier seine volle Geltung; wie die in Thränen
zerflossene Niobe soll man nicht klagen.

Um wen jammern wir nun? Um uns selbst
wohl nicht, nicht darum, daß wir Freuden, Nutzen,
Unterstützung im Alter durch den Tod unserer

3*

Kinder verloren haben, das wäre ja nur ein Grund
der Selbstliebe, dann sehnten wir uns nicht nach
den Toten, sondern nur nach den Vorteilen, die
sie uns im Leben einst gewährten oder gewährt
hätten. Nein, wir klagen, daß sie so frühzeitig
vollendet wurden. Ja, wüßten wir, daß dieser
Kinder Leben allezeit schön gewesen wäre, dann
hätten wir reichen Grund zur Klage, wie es in
einer Komödie heißt. So aber steht es ganz anders,
so sind die Verstorbenen durch ihr frühes Ende auch
der Übel dieses Lebens ledig geworden, manches,
was sie hätten dulden müssen, blieb ihnen erspart.
Einen Tod vor der Zeit giebt es auch gar nicht.
Unser Leben ist ein Darlehen, für dessen Rück-
erstattung die Natur keinen Termin gesetzt hat.
Sonderbar, der Tod der eben Geborenen, der
Säuglinge, erregt uns nicht tief, aber über das
Hinscheiden deren, die noch so viel vom Leben haben
konnten, trauern wir. Aber etwas ist doch besser
als nichts, und was ist schließlich denn überhaupt
die Lebenszeit als solche? Man muß sie nicht nach
der Länge, sondern nach ihrem Inhalte messen.
Am schwarzen Meere soll es nach Aristoteles Tiere
geben, die nur einen Tag leben. Morgens geboren,

erreichen sie mittags ihre Vollkraft, um abends zu
altern und zu sterben. Wären jene mit Seele und
Vernunft begabt, so würden sie, wenn eins von
ihnen vor Mittag stürbe, weinen und jammern und
diejenigen glücklich preisen, die den ganzen Tag
durchlebten. Leben wir aber auch noch so lange,
gegen die Ewigkeit sind sogar 1000 und 10000 Jahre
nur ein Punkt, ja weniger als das. Darum: das Schöne
ist des Lebens Maß, nicht die Länge der Zeit.

Was ist das Leben überhaupt? Nichts als
Jammer und Not. Darüber haben schon früher
viele weise Männer geklagt und gefunden, das
größte Unglück sei, in dies Leben, das nur eine
Strafe bedeute, eingetreten zu sein. Das hat, wie
Aristoteles erzählt, schon der alte Silen, vom
Könige Midas gefangen und nach dem besten auf der
Welt gefragt, ausgesprochen. Wir sind ein klägliches
Geschlecht: so meint die ganze alte Philosophie.
Nimmt man auch einiges davon nicht an, so bleibt's
doch leider nur zu wahr, daß der Menschen Leben voll
vielfacher Mühen und Beschwerden ist. Wenn es
von Natur nicht so ist, so helfen wir doch selbst
dazu, es uns verderblich zu gestalten. Dies rätsel-
hafte Geschick folgt uns von weitem, ist uns von

Anfang an immer gefolgt, zu keinem Nutzen; schon
wenn wir entstehen, so mischt sich ein Teil Unglück
bei, das uns überall begleitet. Alle Anfänge
nehmen sterblich, wie sie sind, teil an diesem Ur-
gesetz, das der Seele Unbehagen, Krankheiten, Sorgen
zu steten Begleitern macht. So muß man eigentlich
mit Euripides den beweinen, der geboren wird, um
der Unseligkeit willen, in die er gerät. Ein Trost
nur und nicht der kleinste ist es, wenn wir selbst am
Unglücke nicht Schuld haben. — Warum jammern
wir also, wenn von solchem Elende der Tod Be-
freiung schafft? Nein, der Tod ist ein Glück: so
hat wenigstens die Gottheit oft gedacht. Wen sie
liebt, den hat sie jung sterben lassen, sagt Menander.
Allbekannt sind ja die schönsten Beispiele. Kleobis
und Biton, die frommen Söhne der Herapriesterin
zogen ihre Mutter im Wagen zum Tempel. Da
bat die Mutter die Gottheit um das beste für die
Kinder, und diese schliefen ein, um nicht wieder zu
erwachen, zum Lohne ihrer Frömmigkeit. Anderen
ist es ähnlich ergangen, frommen Menschen hat die
Gottheit nichts Besseres als einen schnellen sanften
Tod zu geben vermocht, und das verkündigen auch
heilige Orakel.

Vergessen wir ferner nicht, daß auch andere dasselbe, ja schwereres Leid getroffen hat. Auf sie müssen wir sehen, wenn es uns schlecht geht. Wie menschlich ertrugen das Menschliche große Männer gleich dem Philosophen Anaxagoras, gleich Perikles, Xenophon, Demosthenes. Xenophon, der, beim Opfer den Tod seines Sohnes vernehmend, nur den Opferkranz ablegte, um ihn gleich wieder, nachdem er den Heldentod des Gefallenen erfahren, aufs Haupt zu setzen; Demosthenes, der den Schmerz um seine einzige Tochter mannhaft unterdrückte, weil das Vaterland seine Dienste brauchte. Ja, wir können noch weiter gehen: versuchen wir uns alle Übel vorzustellen, die den Menschen betreffen können, so sind wir schon auf viele traurige Fälle vorbereitet, nicht ungerüstet wie gegen den plötzlichen Angriff eines Feindes. — Vor allem muß der Tod niemanden schrecken. Er hat keinen Teil an den Verstorbenen. Die Toten sind, wie Euripides sagt, gleich den Nichtgeborenen. Ebensogut könnte man ein Fabel- wesen, einen Kentauren, eine Skylla beklagen, wie einen Toten: an dem Nichtseienden hat der Tod sein Recht verloren. Wie er uns einerseits keines Gutes beraubt, so bringt er uns auf der anderen

Seite ein neues Gut, indem er uns die Aussicht auf ein zukünftiges Leben schenkt. Hier im Leibe sind wir wie in einem Gefängnisse, ein Gerüst umgiebt uns, von dem uns der Tod befreit. Dann erhebt sich unserer Seele, ohne irdische Schranken kann sie die herrlichsten Dinge schauen. Was Platon gesagt, das muß man für wahr halten: der Guten harrt im Jenseits ein glückliches Leben.

Mit vielem, was so ein edler Platoniker vor Jahrtausenden einem Freunde zum Troste sagte, wird man heutzutage sich nicht einverstanden erklären. So menschlich nahe Krantor dem Leidtragenden zu kommen sucht, den einen Vorwurf wird man ihm nicht ersparen können, daß auch er wie seine Zeit-genossen die Furchtbarkeit des Todes mit dialektischer Spitzfindigkeit hinwegzubisputieren versucht hat. Bei anderem aber, was uns sonst noch unsympathisch sein könnte, der lebhaften Hinweisung z. B. auf hohe Vorbilder, womit man heutzutage wohl kaum einem Bekümmerten kommen dürfte, der sonderbaren Theorie, wie man sich auf kommendes Unglück am besten vorbereiten könne, wollen wir nicht vergessen, daß es für uns gilt, nicht das antike Empfinden zu verurteilen, sondern es verstehen zu lernen, besonders

da, wo es uns schwer wird. Was bewundernswert
an der Trostschrift bleibt, ist ihr erhabener Stand-
punkt, ihr edler Ton, die warme Sorge für den
Leibtragenden. Über das Leben an sich denkt der
Philosoph fast wie Euripides, der neben Homer
sein Lieblingsdichter war, aber wo bei diesem alle
Hoffnung versiegt, da setzt der himmelan gewandte
Glaube des Platonikers erst ein. Und so begreifen
wir vielleicht auch heute noch, welchen Eindruck das
Werk machen mußte, wie oft es den Bekümmerten
wirklichen Trost gebracht.

Seit Lessing den Genius mit der umgestürzten
Fackel in seiner Weise gedeutet, glaubt man noch
viel zu allgemein, daß die Griechen in so lieblicher
Weise den Tod zu verklären suchten. Gegen die
lessingsche Ansicht hat schon Herder gemäßigten
Einspruch erhoben, und vor der Überschätzung des
Bildes überhaupt hat Schiller in dem denkwürdigen
Distichon gewarnt:

> Lieblich sieht er zwar aus mit seiner erloschenen Fackel;
> Aber, ihr Herren, der Tod ist so ästhetisch doch nicht.

Aber auch die Griechen haben sich nicht über den
Tod durch die Ästhetik täuschen lassen. Rührende
Darstellungen der Kunst auf dem Grabe und er-

greifende Verse auf dem Steine lehren uns, daß
der Hellene unter gleichem Weh gezuckt, wie heute
wir, nicht selten gleichen Trost dafür fand. Wenn
die Bilder und Lieder schön sind, so sind sie es
darum, weil der Grieche eben fast nur Schönes
schaffen konnte, nicht weil ein ästhetischer Eindruck
das Auge vom Traurigen ablenken sollte. „Die
Herzenshärtigkeit des Altertums", das ist das
bequeme, allmählich etwas abgenutzte Schlagwort,
unter dem viele ihre Unkunde vom antiken Em-
pfindungsleben verbergen. Wer durch die Grabsteine
wandert, sie aufmerksam betrachtet und ihre Sprüche
liest, wird anderen Sinnes werden: da findet er
eins, was alle Ästhetik in die Luft schnellen läßt,
da sieht er hinein in das goldene griechische Herz.

Philologischer Anhang.

Zu S. 1 u. 2. Römische Tradition berichtete, man habe in grauer Vorzeit die Sechzigjährigen von der Brücke gestoßen. Vgl. *Festus s. v. Sexagenarios* (Manillus, aus Barro; s. auch Barro bei *Macrob. I, 7, 31* = Plutarch: *quaest. Rom. 32*) und Barro in der Satire *Sexagesis* (*Nonius*, p. 119, 18 Müll.). Ueber die ursprünglichen Sitten einiger Mittelmeervölker, Sarden, Ligurer, Korsen vgl. mein Buch über Timaios, S. 171, 17. 151, 21. 165, 21. 185.

S. 3—6 habe ich mich fast völlig an Erwin Rohdes „Psyche" angeschlossen. Seitenzahlen citire ich hier nicht; ich habe versucht, das Buch als Ganzes in mich aufzunehmen, und denke, mancher Philologe wird das Gleiche gethan haben.

S. 4. Die „Thore des Hades": *Il.*, IX, 312. *Od.* XIV, 156. — Die letzten Ehren: *Od.* IV, 197. 198. 584.

S. 6 u. 7. Ueber den Glauben vom Jenseits und die orphische Anschauung vgl. Wilamowitz: Homer. Untersuchungen 199—226. — Das archaische Grabrelief aus Sparta s. u. a. bei Furtwängler: Die Sammlung Sabouroff I, Taf. 1.

S. 7. Pindar *fr.* 133 B. vgl. Zeller: Die Philosophie der Griechen I, 2, 59. 5. Aufl. — Wiedersehen im Hades: Aischylos *Agam.* 1515. Sophokles *O. R.* 1371. *Antig.* 892 ff. — Der Ort, die „Kammern" (Thalamoi), der Winkel, der Sitz, das Haus der Frommen und Unsterblichen u. ä. *Kaibel: epigr. gr. add.* 228 b 8. 506, 8. 411, 4. 296, 2. 218, 16. 151, 5 (vgl. *Axioch.* 371 C). 90, 2. 222 b 12. 253, 6. *add.* 241 a 18. 237, 4. 215, 6. 222, 8. vgl. 554, 4. 338 u. a., die meisten, interessant genug, aus römischer Zeit. Poetischer Stil ohne tiefere Bedeutung bei Kallimachos *A P* VII, 520 und Karphyllides *b.* 260. Vgl. auch: Diodoros *A P* VII, 370. Philippos Thess. 362 vgl. 363. Kallimachos *ib.* 451 ist zu unbestimmt. — Ueber die Thalamoi s. unter S. 45. S. 7 u. 8. Furtwängler a. a. O. I, 43 ff. deutet den Handschlag auf das Wiedersehen im Jenseits. „Bei den Hauptpersonen, namentlich den im Handschlag vereinigten, verbot der durchaus feststehende Sinn des Typus alle Trauer." (S. 45.) Gegenbeispiele· Conze, Die att. Grabreliefs *t.* XLV. LIV, 193. Sirene *t.* LXI. Tieftrauriger Ausdruck bei anderen Scenen: *t.* XXXI. XXXII. vgl. LXXIV. Gegen Furtwänglers Auffassung scheint vornehmlich *ep.* 79 *Kaib.* zu sprechen, vgl. Gutscher: Die att. Grabschriften I, 30, und besonders Weißhäupl: Die Grabgedichte der griech. Anthol. 99.

Zu S. 9 ff. Ueber die attischen Grabepigramme vgl. Gutscher a. a. O. — Myrinens Grabmal: *ep.* 11 *K.*, Tettichos' Spruch: *ep.* 1 *K.*; ähnlicher Schluß später öfter: *ep.* 89, 8. 190. 218, 17. 237, 8 *K.* Phrasikleia *ep.* 6 *K.* — Ueber Simonides kann ich nur wie Kaibel: Rh. Mus. XXVIII, 438 ff., und Wilamowitz: *ind. scholl. Gott.* 1890 *p.* 5, trotz Bergks: *Poet. lyr.* III, 427 ff., und Pregers: *Inscr. gr. metr., p.* XXI ff. Ausführungen denken. Liest man die von Bergk für echt gehaltenen Epigramme durch, so staunt man über die Einförmigkeit, deren ein solcher Dichter wie Simonides für fähig gehalten wird.

S. 13. Grabschrift der vor Potidäa Gefallenen: *ep.* 21 *K.* — Perikles' Leichenrede bekanntlich: *Thuk.* II, 35—46. S. 13 ff. Euripides' Anschauung in *ep.* 21 *K.* (vgl. 41. 156. [148. 150.] 225): *Suppl.* [533]. 1140. *Hel.* [1015]. *fr.* 839. 971. 1023. Hades, der „vielaufnehmende", ſchon in dem homeriſchen Demeterhymnus 9. 17. 31. — Aiſchylos' einſchlagende Stellen: *fr.* 161. 406. *Sept.* 838. *Eum.* 269. *fr.* 401. 255. 353 (vgl. *Soph. fr.* 636). *Agam.* 1515. — Zu Sophokles' Anſchauungen ſ. *Aias* 865. *O. R.* 1371. *Ant.* 892. *fr.* 859. *Ai.* 125. 634. *Phil.* 797. *Oed. Col.* 1224 (vgl. *Cert. Hes. et Hom.* 315. *Theogn.* 425. *Stob. flor.* 120, 3). *Antig.* 1284 (vgl. Rauch: *Tr. gr. fr. ad.* 369). *Oed. C.* 1220. *El.* 1173. *fr.* 761. 518. *Oed. C.* 1563. *Ant.* 804. 810. *El.* 138. *Ai.* 1193. *El.* 153. 179. 836. vgl. *Ant.* 834. *El.* 1166. *Ant.* 806 ff. 876. 916 ff. — Ueber Euripides vgl. *Alk.* 418. 782. *fr.* 285. 908. 532. *Hec.* 416. *Or.* 1109. *Tro.* 445. *Suppl.* 1022. *Alk.* 381. 1085. 892. 931. *Hipp.* 834. *fr.* 454 (vgl. 332). *Alk.* 802. *fr.* 449 (vgl. *Herod.* V, 4). 638. 833 (anders Wilamo- witz: Euripides Herakles I, 28, 52). vgl. *Alk.* 937. *Heraclid.* 595. *fr.* 640. 757 (Wort des Epicharm. vgl. Wilamowitz a. a. O. 29, 54). *Alk.* 875. 985 (vgl. *Soph. fr.* 513). *fr.* 868. *Herc.* 431. *Tro.* 636. *Alk.* 363. *Hipp.* 189 nach Wilamowitz' Ueberſetzung: Euripides Hippolytos S. 77. — S. 18 u. 19. Theſeus möchte der Phädra folgen: *Hipp.* 836, für Hippolyt ſterben 1410; ähnlich *Med.* 1210. — Kinder der Seligen: *Alk.* 987. — Werde die Erde Dir leicht: *Alk.* 463. — Zu den Bildern aus dem tragiſchen Ideenkreiſe gehören in erſter Linie die „Thalamoi (der Thalamos) der Perſe- phone": *Eur. Suppl. 1022.* Das iſt nicht die Brautkammer, welche die Göttin bereit hält, ſo verſteht es nur eine einzige Inſchrift: *ep.* 288 *K.* Bei allen anderen aber, z. B. *ep.* 35. 50. 201. 231. 302 *K. C I A* II 2718 vgl. *A P* VII, 507. 508 (natürlich nicht Simonides, ebenſo wenig wie 489 Sappho), iſt mit Berufung auf *Aisch. Pers.* 622. *Eur. Herc.* 807 nur „Kammer" zu verſtehen, wie auch des Hades

„Winkel" und „Schlüfte" genannt werden. *Aisch. Prom.*
435. *Eur. Herc.* 607. Archias *A P* VII, 213. *Soph. Ant.*
818. *Eur. Hec.* 1, vgl. Dilthey: Rh. Muf. XXVII, 408 f.
Arch. Zeit. 1873, p. 93. So reden die Grabsprüche ja auch
von der Kammer und dem Winkel der Frommen und
Unfterblichen; vgl. oben S. 43. — Andere Wiber-
fpiegelungen der Tragödie sind die Ausdrücke: Der allauf-
nehmende, allbeftattende Thalamos (*C I A* 2718. 3903),
Hades, der gemeinfame „Haushalter": *ep.* 35, 6 *K.* vgl.
Soph. Oed. C. 1563. *Ant.* 810. *Ai.* 1192. *El.* 138. *Eur.
Suppl.* 797. — Ueber gleiche Anfänge der Grabgedichte vgl.
den Index Kaibels und der *A P.*

S. 20. Das Meer unverfchämt: *ep. add.* 463 *a K.*,
das Geschick neidisch: *ep.* 489. vgl. 345, 1. 379, 1. 569, 3 *K.*
Erinna *A P* VII, 712 (vgl. *ib.* 13). — Der Abgeschiedene
hat Niemanden verletzt: *ep.* 26. 45 *K.* vgl. Kallimachos
A P VII 460. — Einfachheit der Berftorbenen *ep.* 83.
464 *K.* — Das verftorbene Kind: *ep* 198. vgl. 302. 373.
334. 17. 115. 130 *K.* Diotimos *A P* VII, 261. — Die
Kämpfer von Chäronea *ep.* 27 *K.*, dagegen vgl. Bergk:
P. l. gr. II 332 und Preger a. a. O. 220.

S. 21 f. Fortdauer nach dem Tode: *ep.* 35. 90. 159.
186 *K. C I A* II 3897. Gutscher a. a. O. I, 40.

Ueber die Leichenreden vgl. Hyperides: *epit.* 64, 36 ff.
Bl., Lysias: *ep.* 70. 77 und Hyperides a. a. O. 70 (vgl.
Eur. Tro. 636, vgl. Meuß: Jbb. f. Phil. 139 p. 801 ff.)
— Glaube und Aberglaube der Athener zu Platons Zeit:
Phaed. 70 *A.* 80 *D.* 81 *C. D.*

S. 22 f. Wiederholung der von den Alexandrinern, zu
deren Schule ich natürlich die vielen griechischen Epitymbien
in Rom und der römischen Welt überhaupt rechne, an-

gegebenen Motive auf den Steinen zeigt Kaibels Index
S. 691, der indes noch erweitert werden kann. — Herakleitos'
Gedicht: *A P* VII, 465, nachgeahmt von Antipater Sidonius
ib. 464 und *ep.* 675 *K.* (vgl. *A P* VII, 387).
S. 24. Kallimachos' Gedicht: *Diog. La.* IX, 17 (*A P*
VII, 80) = II Wil.
S. 25 f. Menander *fr.* 125 *Kock*; auf den Steinen:
ep. 153, 14. 340, 8 *K.* — Wöchnerinnen: *ep.* 77. 218. 238.
467, 2. 675 *K. A P* VI, 348. VII, 163 = 164 = 165.
166—168. Weißhäupl a. a. O. 84—90. — Ehelos Gestorbene:
ep. 127, 5. 208 *a. b.* 236, 5 *K. A P* VII 334. *ep.* 374, 3.
564, 5. 655, 9 *K.* Erinna *A P* VII, 712 = Meleager *ib.*
182 = Antip. Theff. 185. 367; ähnlicher Gegensatz: Antipater *ib.* 711. — Schiffbrüchige: *ep.* 179. *add.* 463 *a.* 186.
214. 230. 256. 432 *K.* und massenhaft in den zumeist
epideiktischen Gedichten der *A P.* vgl. Kießling zu Horaz'
od. I, 28 und Weißhäupl a. a. O. 90. — Das leere Grabmal: *ep.* 290 *K.* Kallimachos: *A P* VII, 271. 272. Leonidas
ib. 273 u. a. *ib.* 274. 275. 286. 288. 291. 496. 497. —
Das Meer brachte keinen Gewinn: Antipater *A P* VII 287.
Julian Aeg. 586. Der Tote will nicht dem Meere nahe
liegen: Asklepiades *A P* VII, 284. Poseidipp 267. Leonidas
Tar. 283. Archias Byz. 278, vgl. auch *ep.* 186, 8 *K.*
Warnung vor dem stürmischen Meere: Kallimachos *ib.* 272.
Automedon 534; besser ist das Land: Phalaikos 650. vgl.
Antipater IX, 23. Krinagoras VII, 636. Julian Aeg. 586.
— Arzt: *ep.* 202, 3 *K.* (*A P* VII, 508 [Simonides]), Schau-
spieler: *ep.* 609, 4 *K. A P* VII 155 *ad.*

Staub wird zu Staube: *ep.* 75, 2. 438, 2. 288, 3
(715, 3) *K.* — „Werde die Erde Dir leicht", bisher, soweit
ich sehe, früher in der Litteratur als auf den Steinen nach-

weißbar: Theokrit — Leonidas VII, 658 (Susemihl: Geschichte
der griech. Litt. in d. Alexandrinerzeit II, 536). Kallimachos
460 (negirt, vgl. Meleager 461 unb auch Krinagoras 401).
Dioskorides 708. Meleager 470; dann *ep.* 222 *b*, 11. 195, 4.
700 *K.* u. ö. Eine scheußliche Weiterbildung des Motivs
bei Agathias 583. — Der Tod ein Hasen: Leonidas 264.
452, vgl. Sotades bei *Stob. flor.* 120, 11. *ep.* 647,6, vgl.
67, 2. 958, 13. 368, 5 *K.* Habes Volkssammler: Kallimachos
h. V 130. *ep.* 195, 2 *K.*, vgl. Schneider: *Callimachea* I,
362 f. Bruchmann: *epitheta deorum, p.* 1—3. — Ueber ein
anderes tragisches Motiv bei den Alexandrinern, vgl. Wilamowitz: Herakles II, 215. — Habes Gläubiger: Theodoridas
VII, 732, *ep. add.* 772 *a* 4. 575, 5. vgl. 371 *K.* (vgl.
C I L VI, 6502, 3); ähnliches oft in der Anthologie unb
auf den Steinen. An Simonides *fr.* 122 *B.* glaube ich
nicht. Die Anschauung vom Schuldverhältnis auch philo-
sophisch: *Axioch.* 367 *B.* — Die Erbe soll den Toten sanft
an den Busen legen: Meleager VII, 476. Der „Busen" der
Erbe sanft: *ep.* 56 (88) 214, 7 *K. Kaibel: Inscr. gr. Sic.
It.* 641, 7 u. ö. *A P* VII, 61 *ad.* (vgl. *Anth. Plan.* 31).
Preger a. a. O. n. 271. Der Ausdruck ursprünglich wohl
orphisch: *Soph. Ant.* 1121. — Mittlage der Natur:
Dionysios v. Rhodos VII, 716. Meleager 468. Julian Aeg.
599. 328 *ad.* Blumen, keine Dornen auf dem Grabe:
Philodem *A P* VII, 222. *ep.* 546—548 *K.* (ähnlich *C I L*
VIII, 7854); vgl. die litterarischen Epigramme: Simmias
VII, 22. Antipater Sid. 23. [Simonides] 24. Eryklos 36.
714 *ad.* unb das entgegengesetzte Motiv in den Sprüchen
auf Hipponax: Alkaios Mit. 536 und auf Timon: Zenodot-
Rhianos 315. Hegesipp 320.

S. 27 ff. Vergleich mit Penelope: *ep.* 471. 558 *K.*,

mit einem Licht: Leonidas Tar. VII, 295, 7, vgl. [Simonides]
VII, 20. Diogenes La. I, 97 und *ep.* 155, 3 *K.*, mit dem
Ast: *ep.* 538, 5 *K.*, der Frühlingsrose 544. 570, 3 *K.*
(= *C I L* VI, 22377).

Ursprünglichste Form des Wechselgesprächs: *C I A* II
2477, vgl. Gutscher a. a. O. I, 28. Gespräch zwischen zwei
Toten: *ep.* 69 *K.*, zwischen Mann und Frau *ep.* 79 *K.*
Erste Beispiele des Wechselgesprächs zwischen Wanderer und
Toten: Kallimachos VII, 524. Leonidas Tar. 163. 503, dann
Antipater Sib. 164. 165 u. a. Nachahmungen auf dem
Stein: *ep.* 248, vgl. 110. 218 *K.* u. a. — Zur Rede und
Gegenrede auf deutschen Gräbern vgl. z. B. Schorer:
Memmingscher Gottesacker. Ulm 1664, p. 53. 54. — Grab-
mal des glücklichen Greises: *ep.* 134 *K.* Kinder von Kindern:
ep. 43, 4. 44, 4. 67, 3. 81, 3 *K.* u. a., vgl. Karphyllides
A P VII, 260. Ganz allgemein: *ep.* 68. 403 *K.* — Das
Epigramm von Kos: *ep.* 232 *K.* erkläre ich anders als
Kaibel, vgl. auch das ähnliche des Diotimos VII 733.

Philosophische Sprüche: *ep.* 371. 104, 1. 109, 5, 651,
6 *K. A P* VII, 339 *ad.* — Das Skelet *ep.* 711 *K.* spricht
kynische Lehre aus: vgl. Lukian *Men.* 15. *dial. mort.* 18. 25.
Aus epikureischer Schule *ep.* 646, 3 *K.*: vgl. Lukrez III,
978 (vgl. Kallimachos VII, 524). — Moralpredigt: *ep.* 303 *K.*
Leichtsinnige Ratschläge, nach dem Muster der Sarbanapalin-
schrift (Preger *n.* 232): *ep.* 261 *b.* 362. 560. *add.* 646 *a. K.*
S. 30 f. Ueber die Trostschriften vgl. Gercke: *Tiro-*
cinium philologum, p. 28—70. Buresch: Leipz. Stud. IX,
1—170. — Ansätze der späteren allgemeinen Auffassung vom
Tode schon bei Platon *apol.* 40 C. — Kynische Verachtung
des Todes: *Diog. La.* VI, 68. *Cic. Tusc.* I, 43, 104.
Kynische Trostgründe: Teles *ed. Hense p.* 43, 15—45, 4.

Geffcken.   4

46, 3—47, 9. Bion bei Teles 10, 14—11, 4 und *Cic.*
Tusc. III 26, 62. Mit der kynischen Anschauung von der
„Wohnungsveränderung" vgl. auch Platon a. a. D. 40 *C.*
Phaed. 117 *C.* — Epikurs Anschauung: Seneca *ep.* 24, 23.
Plut. contra Epic. beat. 27 *p.* 1105 *a.* Κύρ. δόξ. II.
S. 34. Krantors Schrift läßt sich kaum ihrem
Gedankengange nach völlig rekonstruiren. Gercke a. a. D. 40.
Ich gebe nur, da es sich hier um eine populäre Schrift
handelt, den Inhalt summarisch wieder, indem ich die be-
kannten Hauptideen einigermaßen zu verknüpfen suche. Das
Material bieten, wie man weiß, *Ps. Plut. cons. ad Apollonium,*
die Reste von Ciceros *Consolatio,* wesentlich in den *Tuscul.*
disp. I und III erhalten, der Axiochos, letzterer von Buresch
a. a. D. p. 9 ff. falsch beurteilt (vgl. auch Susemihl
a. a. D. I 21 ff. 120).

Ueber den Eingang der Schrift denkt Gercke S. 40. 41
mit Berufung auf *Cic. Tusc.* IV 29, 63 und *cons.* 20
anders. Dagegen erinnere man sich, daß Cicero sich selbst,
sobald wie möglich, trösten wollte. Die beiden Stellen stimmen
zudem durchaus nicht so völlig überein, wie *Cic.* III 31, 76
und *cons.* 1, wo die Anführung der Prometheusstelle (*v.* 379)
für Krantor als Original spricht.

S. 39. Die Stelle von der Vorbereitung auf kommende
Uebel (*cons.* 21 und *Cic.* III, 22, 52. 14, 29) habe ich,
obwohl die Kyrenaiker ähnlich denken (die Stellen bei Gercke
40, 1), doch wegen des Cicero und der *consolatio* gemein-
samen Vergleichs mit dem Angriffe der Feinde, und weil
beide Euripides (*fr.* 964) citiren, auf Krantor bezogen.

S. 41. Herder in der Lessings Abhandlung gleich-
namigen Schrift.